i quaderni

OLTRE IL VELO DI MAYA

Paolo Marchetti
Sergio Carabelli
Davide Frezzato

3

COMPENDIO DI
STORIA, FILOSOFIA E TEOLOGIA

Paolo Marchetti

LA MAYA E IL SUO VELO

"MOLTI RICORDERANNO DI ME IL
SORRISO, IL CORPO SENSUALE, I
SUCCESSI. È STATO TUTTO, SOLO, UN
GIOCO DI RIVERBERI ABBACINATI DI UNO
SPECCHIO ROTTO CHE ALLA FINE HA
RIFLESSO SOLO IL BUIO".

*Il suo vero nome era **Norma Jeane Baker**, era nata nel 1926, morì sola, quella sera del 5 Agosto 1962. Il mondo la conosceva come **Marylin Monroe**.*

1970 - **George Harrison** *"Beware of Darkness"*: *"Fai attenzione alle morbide scarpe che ballano sui marciapiedi, e come chi soffre inconsciamente e, vaga senza meta, guardati dalla Maya"*.

1972 – **Chris Burden**, artista americano che interpreta l'arte come *"perturbazione della realtà"* si esibisce nella performance *"Deadman"*, sdraiandosi in un parcheggio di una superstrada californiana coperto da un velo di plastica.

2015 – Un naufrago bengalese, dopo giorni passati in mare su di un relitto, arriva a Lampedusa e ai soccorritori dice: *"Molte barche son passate davanti a me, ma voi avete guardato oltre la Maya del mare"*.

Cos'è questa **Maya** dalla quale occorre guardarci per non *"soffrire incoscienti e vagare senza meta"*, che acceca la vista di chi vede solo il mare, o dell'automobilista che parcheggiando non vede **Chris Burden**? I suoi molteplici significati vengono simboleggiati, in Oriente come in Occidente, dall'immagine del **Velo della Maya** che **Arthur Schopenhauer** descrive come Il velo calato sull'essenza di tutti i fenomeni della realtà che ha il potere di farli apparire e allo stesso tempo di coprire e nascondere la vera Natura delle cose. Questa si renderà accessibile solo quando questo velo sarà finalmente caduto.

Il potere della **Maya** fa sì che il mondo appaia all'umanità come una successione di eventi e di oggetti, incatenandola al ciclo di una esistenza che **Jung** definisce *"penosamente frammentaria"* perché condannata a percepire la persistenza dell'**Essere** ma non il suo **Divenire**. Per gli antichi greci il concetto di infinito era una maledizione poiché l'uomo vive in una condizione tragica: non può rassegnarsi al finito ma neppure può concepire l'infinito, trova assurda la morte ma non riesce a concepire l'immortalità, non riesce a pensare che il tempo e lo spazio finiscano ma neppure che non finiscano mai, così lo sguardo umano non può vedere la reale **Natura** dell'**Essere** che sta dentro e oltre le cose. Scopo della vita è sollevare questo velo per percepire l'essenza che la genera, la Matrice che tutto crea e tutto connette. Questa è la visione che *"risveglia alla vita"* e che connette al **Principio Creatore**, questo è l'arcano, inteso come il greco archè: il *principio, l'origine.*

Non parleremo di filosofie Orientali, tutt'altro, parleremo di noi, della nostra cultura greco-latina e, perché no, mediorientale. Erano due fratelli, figli del Cielo e della Terra, il mito li volle anche sposi: **Iside** e **Osiride**. La memoria del mito si perde nei tempi e nelle terre d'Egitto, poi la sua rappresentazione si sparse per tutto il Mediterraneo giungendo persino nelle fredde regioni del Nord. Secondo la leggenda, infatti, la cattedrale di *Notre-Dame* sarebbe stata edificata su di un tempio di **Iside**. Nel V° secolo a.C., **Erodoto** *(484-430 a.C.)* che **Cicerone** definisce *"il padre della storia"*, descrive gli aspetti religiosi di questi dei, paragonandoli agli dei latini **Demetra** e **Dioniso**, ossia la **Madre Terra** e il dio che meglio d'ogni altro seppe rappresentare lo stato di natura dell'uomo coi suoi istinti primordiali e a volte selvaggi. Ne parlano lo storico **Diodoro Siculo** *(90-27 a.C.)* e **Lucio Apuleio**, il filosofo platonico, autore delle *"Metamorfosi"* che fu un iniziato ai misteri isiaci. **Plutarco** *(48-125 d.C.)* filosofo, storico e sacerdote a Delfi, ci dice di quella che era indicata come la tomba di **Iside**, vicino a Melfi, ove vi era una statua ricoperta da un velo nero alla cui base era scritto: *"Io sono tutto ciò che fu, ciò che è, e ciò che sarà, e nessun mortale ha ancora osato sollevare il mio velo"*. Eccolo, quindi, il **Velo di Iside**, una delle più antiche divinità, simbolo della **Natura** e delle sue varie forme, un insieme di Zoé, la vita incondizionata, il principio, l'essenza della vita per mezzo della quale noi viviamo *(qua* *vivimus*) e di Bìos la vita che è in noi, il modo come noi viviamo *(quam vivimus)*.

Perché **Iside** è velata? Il presocratico **Eraclito di Efeso (535-475 a.C.)** in uno dei suoi frammenti più discussi ci dice che *"la natura ama velarsi"*, e ancora in un altro frammento ci viene detto: ***"Il Principio è vergine d'ogni mescolanza. L'Essere Primordiale ed Intellegibile è essenzialmente puro, non mostrarlo né toccarlo mai, la visione dell'Essere non si può ottenere o percepire in un solo istante"***. Qui ci viene detto qualche cosa di più, c'è già un accenno, neppure tanto larvato, ad un diverso concetto di Dio, quasi un rimando al **Dio Unico**, **Intellegibile** e, per molti versi, anche **indecifrabile**, che sull'**Oreb** ha dettato la sua Legge.

Rudolf Steiner *(1861-1925)* esoterista e teosofo austriaco, fondatore della antroposofia, Gran Maestro del Capitolo Berlinese della Loggia di **Menphis-Misraim** titolata **"Mystica Aeterna"**, ci racconta che in terra dei **Filistei**, ossia in Palestina, c'era stato tra il **1911** e il **1913** un importante ritrovamento archeologico *(agli scavi anche Thomas Edward Lawrence divenuto poi famoso come Lawrence d'Arabia).* Erano stati portati alla luce i resti di una antica città e di una statua raffigurante un gruppo di identità: un **uomo**, **Lucifero** e una figura velata **Ahriman** l'essenza del male del mondo. Nello **Zoroastrismo** è lo spirito malevolo che guida i **Daeva,** i demoni. La scultura raffigurava l'**Iside** di un'altra cultura e alla base del gruppo statuario c'era una iscrizione in *pahlavico (il Farsi antico, la lingua dell'odierno Iran)* cancellata in gran parte ma che fu possibile tradurre: *"Io sono l'uomo, io sono il passato, il presente ed il futuro. Ogni mortale dovrebbe sollevare il velo".* Se non del tutto vero certo suggestivo. **Arimane** ha uno spazio anche nella cultura occidentale moderna: **Voltaire** lo cita nel suo *Dizionario Filosofico (pubblicato nel 1764),* **Giacomo Leopardi** ne *"L'inno ad Arimane",* testo incompiuto del 1833, lo definisce *"Re delle cose, autor del mondo, arcana malvagità, sommo potere e somma intelligenza, eterno dator dei mali e reggitor del moto".* **Steiner** attribuiva ad **Arimane** una natura malvagia e satanica, distinguendola da quella di **Lucifero** *(l'angelo* *precipitato)* il quale è il tentatore dell'uomo, cioè colui che mette l'uomo alla prova per volere di **YHWH** il tetragramma di **Adonai** *(il mio Signore)*, **Dio** del **Vecchio Testamento**.

5. ANCORA VELI: GIUSTIZIA E FORTUNA

Dike dea della giustizia, figlia di **Zeus** e di **Temi**, viveva sulla terra quando **Crono** reggeva, con giustizia, l'Olimpo, prima che **Zeus,** suo figlio lo detronizzasse. Era quella l'età dell'oro: il tempo in cui gli uomini non conoscevano l'ingiustizia, la sofferenza, la guerra e il lavoro; era L'*Eden* del *Libro*. Quando **Zeus** prese il potere iniziò un'epoca buia e gli uomini iniziarono a praticare la violenza, allora **Dike** abbandonò la terra, salì al cielo, si pose nella costellazione della Vergine e da lì cominciò a vegliare sull'ordine universale, a presiedere ai giuramenti e alla giustizia, la pratica intesa a ripore ordine nel caos che si crea dopo ogni atto delittuoso. **Dike** regge la spada (punizione) la bilancia (per soppesare il danno provocato dal delitto) ed è bendata (imparzialità). Bendata però è anche **Tyche**, altra figlia di **Zeus** cui venne dato il potere di decidere la sorte degli uomini: la dea della fortuna. Che giustizia e fortuna siano simili? Talvolta è facile pensarlo.

Nella sua rappresentazione il velo e lo svelare rimandano a pratiche metaforiche. Nell'iconografia della nostra cultura, il velo, così come il gesto di svelare, è associato al sacro e al profano, rimanda al vedere-attraverso, all'intravvedere entro l'enigma ove si cela il mistero della verità che non si può mai svelare del tutto. Il velo evoca apparenze ingannevoli, possesso, desiderio di purezza, erotismo, canoni del pudore, femminili seduzioni *(la danza dei sette veli di Salomè è l'emblema)*, sacralità e profanazione, richiamo alla violenza (*"sciogliere i sacri veli di Troia"* è il sogno di **Achille**) o alla venerazione: *"sovra candido vel cinta d'uliva/donna m'apparve"* canta **Dante** nel 30° canto del Purgatorio, là dove appare **Beatrice** allegoria della **Teologia**. Il velo è allegoria della **Verità**, oggetto del desiderio di sapere e luogo immaginario di ogni ambivalenza. Sull'ambivalenza della verità **Nietzsche**, nella sua critica alla filosofia metafisica, contrappone il Mondo Vero, ideale, superiore e puro al Mondo Apparente, corporeo, fallace, regno caduco dei sensi, ma avverte che anche il metafisico Mondo Vero è falso poiché la verità che non comprende la corporeità della vita alla fine è essa stessa non-verità, quindi falsità. Per **Martin Heidegger** *(1889-1976)* la velatura è l'essenza stessa della **Verità**, è l'**"Aletheia"** ossia il non nascosto che però non è ancora del tutto svelato poiché è proprio della **Verità** non darsi mai nella sua interezza, a causa del perenne velamento e svelamento dell'**Essere** che mentre si mostra si ritrae: *"allo svelarsi appartiene il velarsi"*. Proprio come il linguaggio che è insieme illuminante e oscurante.

Platone *(428-348 a.C.)* ci racconta dei suoi uomini incatenati in una buia caverna, il viso rivolto verso la parete di fondo sulla quale appaiono ombre credute, per forza d'abitudine, reali. La caverna è collegata al mondo esterno da una strada rialzata interrotta da un muretto che la separa da un grande fuoco che è la causa delle proiezioni delle ombre sulla parete. Quando uno degli uomini si libera ed esce all'esterno scopre un mondo mai visto, una realtà che lo affascina e lo traumatizza allo stesso tempo. È la reazione dinnanzi al nuovo, a ciò che è conosciuto per la prima volta. Quello è il mondo reale e l'uomo inizia la sua ascesa alla **"gnosis"** cioè alla **Conoscenza**. Non è però conoscenza apprendibile da tutti, solo chi ha avuto il privilegio di essere **"illuminato"** dalla luce cioè l'"**eletto**" può approdare a questo stato del sapere *(la grazia dono della fede?)*. Quando l'uomo torna dai suoi compagni e dice loro quanto ha scoperto, nessuno gli dà retta, lo prendono per pazzo. I più preferiscono restare incastrati nella comoda concezione fallace della vita. Qui è tutto chiaro: la Caverna è la buia ignoranza, la condizione dell'uomo che vive superficialmente la propria esistenza, senza pulsioni a scavare nella profondità delle cose. Le Ombre sono la proiezione distorta delle cose reali. Il Fuoco è la conoscenza, ma attenzione: il fuoco può illuminare ma anche bruciare e distruggere chi gli si avvicina senza avvedutezza, senza consapevolezza. Di là dal Muro c'è la realtà inaccessibile a chi non voglia scalarlo catarticamente. La catarsi è il processo mediante cui si giunge alla verità, alla purificazione. Anche **Freud** ad inizio '900 parlerà di "processo catartico" attraverso cui liberarsi dai conflitti inconsci facendo riaffiorare eventi che hanno marchiato così a fondo l'individuo da essere stati gettati, sepolti nell'inconscio, per soffocare la sofferenza.

Andiamo, quindi, a liberarci dal velo della **Maya**.

Venticinque secoli dopo **Eraclito** troviamo una interpretazione etico-politica del **Velo della Maya** e per farlo **Arthur Schopenhauer** *(1788-1860)* innesta sulla visione del pensiero occidentale, per sua natura è duale e scisso, quello orientale, ricongiungente e non duale. Per farlo deve partire da **Kant** *(1724-1804)*.

Per **Kant** il **"Fenomeno"** è l'unica realtà accessibile agli "a priori" della mente umana. **Schopenhauer** afferma invece che il **"Fenomeno"** è l'illusione, è parvenza, è quello che nelle filosofie orientali è il **Velo della Maya**. Secondo **Kant**: l'essenza della realtà cioè il **"Noumeno"** *(la cosa in sé)* che si cela dietro il **"Fenomeno"** è inconoscibile. (*Noumeno dal greco noumenon, participio di "io penso" come dire idea che indica tutto ciò che non può essere percepito ma a cui si può arrivare solo tramite l'intelletto e il ragionamento. Per Platone: ciò che è solo pensato contrapposto a ciò che appare*). Per **Schopenhauer**, invece l'essenza della realtà si può percepire, quindi il **Velo della Maya** può essere squarciato. Come? Con la **Volontà** che è la forza base di tutte le cose.

Ecco quindi che **Schopenhauer** introduce il concetto di **Velo di Maya** mutuandolo dai **Veda,** il complesso di testi sacri da cui prende nome il Vedismo, la più antica religione indiana, che si svilupperà, poi, nell'Induismo. Il **Velo di Maya** è il velo dell'illusione, che ottenebra le pupille dei mortali e fa loro vedere un mondo di cui non si può dire né che esista né che non esista; il mondo, infatti, *"è simile al sogno, allo scintillio della luce solare sulla sabbia che il viaggiatore scambia da lontano per acqua".* **Schopenhauer** riprende e carica i concetti espressi da Kant di valori negativi: la **Realtà Fenomenica** velata dalla **Maya (l'apparenza illusoria),** si manifesta come attraverso vetri sfaccettati, che danno una visione deformata delle cose. Quanto rappresentato è, pertanto, un inganno che rende la vita simile ad un sogno. Tra la vita ed il sogno il confine è sottile: *"vita e sogni sono fogli di uno stesso libro: leggerli in ordine è vivere, sfogliarli a caso è sognare".* Al di là della Realtà Fenomenica esiste la **Realtà Vera,** sulla quale l'uomo deve interrogarsi. Il **Noumeno** che per **Kant** era un concetto limite all'intelletto umano, per **Schopenhauer** diventa realtà accessibile e l'uomo deve accedervi per comprendere l'essenza delle cose.

Come fare? Semplice: squarciando il **Velo della Maya**, andando oltre la nebbia delle illusioni del mondo fenomenico, utilizzando la **Volontà**. Se rifletto su me stesso, mi percepisco come realtà sottoposta alle regole del mondo fenomenico, ma nello stesso tempo mi rendo conto che non sono un semplice oggetto tra gli oggetti, sono anche qualcosa di più, sono un'energia vitale, sono una forza inappagabile, sono **Volontà**. La mia vera e autentica essenza è la volontà, inconscia, cieca, irrazionale e inappagabile; e come lo sono io, riconosco per analogia che lo sono tutti gli esseri viventi, a diversi livelli, e che quindi l'essenza di tutta la realtà è la **Volontà**. La **Volontà** è quella forza oscura che anima le nostre azioni, che **Freud,** poi, chiamerà **Inconscio** e che per **Nietzsche** sarà lo **spirito apollineo,** nel suo essere inappagabile e senza uno scopo ben preciso che condanna l'uomo al dolore e all'insoddisfazione fisica e morale. **Schopenhauer** utilizza la metafora del pendolo per descrivere la condizione esistenziale dell'uomo; *"un pendolo che oscilla tra il dolore e noia passando attraverso brevi intervalli di piacere"*. Noia e dolore sono gli stati permanenti ai quali l'uomo è condannato e il piacere è solo una chimera, un palliativo temporaneo, un obbiettivo illusorio. Era ossessionato da una domanda: *"Siamo davvero consapevoli delle nostre scelte, oppure c'è una forza nascosta, pulsante entro di noi, che ci ordina di fare ciò che vuole? E si risponde: "L'uomo non vive perché lo desidera, ma perché un* *essere intangibile (un noumeno), la "Voluntas", lo manipola.* E il **"Libero Arbitrio"**? Pura illusione. L'uomo si convince di essere il padrone delle sue scelte, ma è la **Volontà di vivere** che opera al posto suo: insaziabile, cieca, inesausta, distruttiva, il cui Unico scopo è appagarsi nelle cose terrene, spingendosi sino a calpestare altri esseri umani, pur di giungere ai propri obbiettivi. Ma essa non giunge mai alla completa soddisfazione, e l'uomo è infelice, soffre e si distrugge. Non resta allora che la dottrina orientale, la Nolontà: la volontà che negando sé stessa giunge alla liberazione dal dolore. Non è suicidio, è allontanarsi dalle illusioni, per svelare, infine, la realtà e così fuggire al dolore, per arrivare al **Nirvana**, alla condizione di serenità perfetta, alla pace assoluta. Qualunque cosa questo significhi. Ateo professo, non poteva giungere più semplicemente alla fede o all'Eterno Riposo. A questo punto occorre riprendere il ragionamento da un'altra angolazione.

11. Il pensiero si fa religioso, o per meglio dire: TEOLOGICO

Torniamo a **Chris Burden**. Il telo sotto cui si stende non copre solo il suo corpo *(la realtà corporea, il fenomeno per dirla con Kant)* ma anche la sua essenza vitale *(il noumeno)*. Il telo si potrebbe togliere in qualsiasi momento, ma nessuno lo fa. L'artista con la sua performance poteva anche essere ucciso ed è proprio questo che egli voleva fosse parte dell'opera per provocare una *"perturbazione artistica"* evidenziando la sottile linea che lega **vita-morte; disvelamento-rinascita**. Qualche cosa di assai simile al concetto di raggiungimento della consapevolezza dell'**IO-SE' e del SE'- OLTRE** espresso da **Hanna Arend** *(1906-1975) (What is existenz philosophy - 1946)* che riprende il binomio **Natura-Origine** di **Eraclito**: *"Ciò che Origina si cela, come mistero, dietro l'apparenza delle cose che origina pur manifestandosi attraverso di esse. Ogni manifestazione del Principio è anche il su Nascondimento".* Questa è l'ambiguità del cosmo, occorre esserne consapevoli, poiché è solo con la consapevolezza che la conoscenza diventa flusso, tensione, ricongiungimento dell'**IO** al **SE** ed a **Ciò** o a **Chi ORIGINA**. Da dove viene questo altro modo di disvelare? Da molto lontano, da un altro archetipo.

Se la mitologia ellenica con i suoi miti fondanti di **Prometeo** e di **Ulisse** aprirono all'occidente la via all'**IO** inteso come individualità/parzialità, il popolo del **Libro** più di tremila anni fa attivava, tramite la *"nuova religio"*, l'archetipo del **SE'** inteso come appartenenza alla totalità che forma e guida alla realizzazione della propria completezza in un insieme di valori propri del monoteismo. Per la dottrina del Libro **Dio** è parte grande dell'anima dell'uomo e realizzare in ogni atto quotidiano la propria qualità divina significa integrare **Dio** nell' opera di perfezionamento della creazione; addirittura la dottrina ebraica si spinge anche oltre in questa ricerca di perfezionare l'opera di **Dio** sino a quando non verrà raggiunta una integrazione completa, un solo blocco: L'**Età Messianica**. La dottrina e la tradizione ebraica sono alla continua ricerca di cosa vuole davvero **Dio** dall'uomo per arrivare al significato più recondito del suo volere. Non basta quanto scritto e tramandato nella **Torah**, occorre interpretarlo; addirittura le lettere vanno tradotte in cifre: la **Cabbala** *(che può tradursi sia "ricevuta" che "tradizione")*. La **Cabbala** tende alla **Torah Celeste**, secondo la quale *(così vuole la tradizione)* **Dio** creò il mondo. Nella **Cabbala** è detto che esistono tanti volti di **Dio** quanti sono gli uomini e ad ognuno di essi Egli appare in modo differente.

Tutto si risolve in questo: arrivare a capire, o almeno a percepire, l'**Essere** celato dietro ad ogni cosa del creato.

Nell'ebraismo si tende più che alla conoscenza pura e semplice alla conoscenza tramite la consapevolezza, e questa tensione si esprime nel diagramma simbolico dell'**Albero della Cabbala** costituito da 10 **Sefiroth** disposte su 3 **Pilastri** verticali e paralleli collegati da 22 Canali: 3 orizzontali, 7 verticali e 12 diagonali che rappresentano le 22 lettere dell'alfabeto ebraico, l'Alef Beit *(leggere la parola)*. Al vertice c'è **Keter - La Corona** il punto ove ciò che non è ancora manifesto apparirà dal nulla. La base è **Malkhut – Il Regno,** la solida realtà che abbiamo sotto i piedi. Tra i due estremi 8 **Sefiroth**, le forze in continua contrazione ed espansione che generano e preservano. Questo è il cammino di discesa lungo il quale tutto ha raggiunto la forma che ha, ed è al contempo via di ascesa attraverso cui tutto può tornare al **Grembo del Creatore** *(non è forse la "gnosis? Il processo catartico? Lo scalare catarticamente il muro dietro al quale c'è il fuoco che proietta sulla parete le ombre di una realtà incognita).* I **Pilastri** sono le 3 vie che ognuno ha davanti: a destra la via dell'Amore, a sinistra la via della Forza, al Centro la Via Meridiana o della Coscienza che unifica e bilancia gli opposti. Non vi sono **Sefiroth** o **Pilastri** migliori degli altri, è la coscienza che ci permette di scegliere tra **Clemenza** o **Rigore**, tra **Forza** o **Benevolenza,** tra **Espansione** o **Concentrazione**. I due Pilastri di destra e di sinistra rappresentano il duale maschile-femminile da cui sorgono tutti gli opposti del creato e che vanno continuamente ricercati per arrivare alla umana **Consapevolezza**. Senza il Pilastro Centrale l'**Albero della Cabbala** diviene quello della **Conoscenza del Bene e del Male**. **Adamo** ed **Eva** ordirono accedere all'**Albero** prima che il **Creatore** fornisse loro la *"consapevolezza della consapevolezza"*, così dicono le scritture, e quello fu il loro peccato. Essi furono ingannati facilmente dal serpente poiché in loro la consapevolezza di sé non era ancora perfetta, vollero conoscere in profondità la loro dualità senza aver sufficiente consapevolezza dell'"**IN SÉ**". Ecco perché l'**Albero della Cabbala** è disposto con una undicesima misteriosa **Sefirà** che è solo tratteggiata: è **DA'AT - Conoscenza** che mai viene contata assieme alle altre. Dopo il peccato l'umanità non ha più accesso all'**Albero**, due **Cherubini** *(uno col volto d'uomo, l'altro col volto di donna)* armati di spada a due tagli vigilano, sono i *"**Guardiani della Soglia**"*. Anch'essi sono duali poiché se impediscono di avvicinarsi allo stesso tempo sono punto di riferimento per quanti cercano di tornare alla **Casa** attraverso la **50° Porta**, quella della conoscenza, dalla quale procedono i **Giusti**.

Nel binomio verità-velo si innesta la metamorfosi del velo che nella nostra contemporaneità si è caricata di una semantica del tutto nuova ma nel contempo riproponendone una molto antica. Tutto sommato il velo è una parte di abbigliamento, per lo più femminile, usato per coprirsi il capo nei luoghi pubblici di culto. Presente in ambiti culturali e religiosi differenti ha, però, acquisito nel tempo significati molto diversi. Nell'antichità greco-romana ma anche nelle società pre-islamiche, il velo era un segno di distinzione che indicava status sociale, veniva indossato da donne altolocate ed era vietato a schiave e prostitute. Logico suo proseguimento, almeno fino alla metà dello scorso secolo, il cappello corredato di veletta. Nella nostra cultura il velo è quello bianco della prima comunione, quello nuziale della sposa, quello nero del lutto o quello tradizionale delle funzioni religiose e che le suore cattoliche portano per testimoniare la loro sottomissione a **Dio**. Così che *"prendere il velo"* o *"deporre il velo"* sta ad indicare farsi suora o abbandonare lo stato monacale. Il velo è ciò che cela e preserva dallo sguardo profano e profanante. Nelle religioni il velo assume un valore sacrale. **Dio** stesso si vela nel rivolgersi all'uomo e **Mosè** non può guardare direttamente **Dio** e quando ridiscende dal *Sinai* è a sua volta talmente luminoso da doversi velare. Per **Abù Hamis al Gazali** *(1058-1111)* teologo dell'Islam, il volto di **Dio** è così luminoso che l'occhio umano può contemplarlo solo se

29

coperto da molteplici velamenti e usa il termine *Hijab* *"coprirsi, celare allo sguardo"*, lo stesso termine che oggi indica il velo delle donne musulmane. C'è poi il velo sul calice nella liturgia eucaristica; il velo **del Parochet**, la tenda che nella religione ebraica nasconde la parte più sacra del luogo di culto, dove viene custodita la parola di **Dio** *(i rotoli della Torah)*. Il **velo** quindi è ciò che cela e preserva la sacralità ma l'integrità di una religione, come l'identità di una cultura, è garantita dalla posizione che vi hanno le donne, o che viene loro assegnata. È qui che il velo da antico segno di distinzione diventa segno di esclusione e di gerarchia terrena. Nel primo cristianesimo il velo per le donne venne motivato teologicamente da **Paolo di Tarso**, che ne parla nelle sue lettere, in special modo in una ai Corinzi: *"L'uomo non si veli il capo poiché egli è l'immagine e la gloria di Dio, mentre la donna è gloria dell'uomo"*. Il **velo** per i primi cristiani inizia a marcare, anche nella nuova religione, la dipendenza della donna dall'uomo e la naturale inferiorità a **Dio**. Ma se **Paolo** si riferiva solo alla pratica religiosa, un secolo e mezzo dopo **Tertulliano** *(155-230)* filosofo e apologeta cristiano, nel suo *"De virginibus velandis"* mostra la più completa svalutazione della figura femminile proibendo alle donne l'uso dell'ornamento e del trucco, imponendo loro l'uso del velo e proibendo loro, addirittura, di uscire di casa a viso scoperto. La donna è un essere che **Dio** ha voluto inferiore, è *"diaboli ianua"* e i segni della sua insidiosa bellezza devono essere neutralizzati. Certo tutto questo è talmente lontano da noi che quasi se ne perde memoria. Al contrario nell'Islam la questione è tutt'ora accesa. A differenza del cristianesimo le interpretazioni del Corano si sono incrociate con le ragioni politiche dei regni che hanno governato i tanti paesi musulmani, con ciò il velo è stato oggetto di numerose leggi che ne hanno imposto l'uso, lo hanno abolito e lo hanno reintrodotto sotto varia specie. Certo c'è grande differenza tra Hijab della tradizione e il Burga integrale, **l'Islam** integralista lo è tanto più quanto più integrale è il velo che impone alle donne le quali, velate esprimono l'interdizione ad essere viste, contrapposte al corpo femminile, continuamente esposto, nel mondo occidentale. È curioso, però, notare che da quando l'Oriente da vicino di mondo è diventato vicino di casa, il comune immaginario è mutato profondamente. Per lungo tempo l'Oriente musulmano ha alimentato le fantasie dell'Occidente e proprio i veli femminili ne erano la cifra. In particolare attraverso l'esotismo e l'erotismo dell'harem si è formato il miraggio dell'Altro: dalle Mille e una Notte alle Donne di Algeri nei loro appartamenti dipinte da **Eugène Delacroix**, a Les femmes d'Alger di **Picasso**, dalla Salomè di **Oscar Wilde** ai segreti magici delle città arabe del Viaggio in Oriente di **Gerard de Nerval**. Adesso il velo è diventato *"corpo di reato"* contro la laicità, colpevole ostentazione di una appartenenza religiosa identitaria e perturbante.

Ma forse la sola verità che si può davvero disvelare e che questo velo, rivelandosi, svela gli ineliminabili segreti nascosti dagli unici veri arcani: il vivere e la molteplicità degli esseri che abitano la Terra comune.

COMPENDIO
LETTERARIO E UMANISTICO

Sergio Carabelli

LA CONSAPEVOLEZZA DEL SÉ

"SII IL PADRONE E LO SCULTORE DI TE
STESSO"

Nietzsche, La volontà di potenza.

1. ALLA RICERCA DI UN PUNTO DI PARTENZA

Addentrarci nelle culture prodotte dal pensiero speculativo umano, dalla sua nascita ai nostri giorni, per estrapolare il concetto di Velo di Maya e individuarlo, è un viaggio affascinante e fuorviante nello stesso tempo. Ci porta il fascino dell'incontro con molteplici considerazioni elaborate dall'intelletto e dalla immaginazione e talora dalla fantasia. Ma riusciremmo noi esseri del Terzo Millennio a ricavarne un senso pratico o perlomeno vicino alla nostra mentalità occidentale? Infatti il Velo potrebbe essere una delle tante dialettiche speculative che influenzano l'esistenza con enigmatici territori nascosti: segreto, mistero, apparenza, illusione, metafora, simbolo, Verità occulte. Un'allusione all'apparire e scomparire delle cose del mondo e del mondo stesso. Perché?

Conviene identificare quindi un punto di partenza scegliendo un campo di indagine umanamente percorribile. Vale a dire umanistico, senza steccati tra le varie discipline: la cultura dell'essere umano per gli uomini che vogliono conoscere, in una sorta di sinergia circolare.

Eraclito sosteneva che la Natura ama nascondersi, costruire schermi che si interpongono tra l'uomo ed essa. E la storia dell'Umanità ci insegna che noi abbiamo da sempre cercato di abbattere gli schermi per vedere oltre – cioè conoscere – e scoprire questa Natura nelle sue manifestazioni.

Ma anche l'uomo è Natura. Quindi ama nascondersi, costruire barriere tra sé e gli altri e in sé stesso? Rimaniamo nel pensiero greco; Eschilo ci propone questa riflessione: *Chi conosce la sventura sa che l'essere umano è travolto dall'onda del dolore e quindi in ogni cosa fiuta una minaccia. Ma se il destino scorre dolce pensa che sempre potrà spirare in modo costante la fortuna.*

Ampliamo il discorso. Sventura può essere qualsiasi accadimento, proveniente dal mondo che circonda l'essere umano o generato da lui stesso, nel suo intimo; e diventa una minaccia, cioè una forza negativa che può intaccare la vita e il suo scorrere tranquillo e quindi sorge necessità di apporre un velo, uno schermo. È la Natura umana che lo costruisce ritenendolo una protezione, ma è illusorio perché acquista potere sull'essere umano, sulla sua consapevolezza e lo separa dall'essenza della sua esistenza. Nel concreto: ci accorgiamo che quando siamo in presenza di paure, angosce, insicurezze, crisi emotive, avidità, stati d'animo conturbanti, sovvertimenti di sensi, idee fisse, perdiamo l'equilibrio o la serenità, diventiamo chiusi e fragili e cominciamo a ritirarci dalla vita o a costruirci una corazza nella quale ci rinchiudiamo. È il Velo di Maya prodotto dalla Natura umana, da noi stessi spinti da forze negative, che ci separa da una consapevolezza equilibrata del vivere la nostra esistenza - cioè essere padroni di noi stessi - consci delle sue manifestazioni a volte dure e dolorose, a volte dispensatrici di gioia e felicità. Perdendo questa consapevolezza cerchiamo aiuto ponendo domande

38

agli oracoli, agli oroscopi, alle cartomanti. Chiediamo come sarà il futuro personale, *se il nostro destino sarà dolce e scorrerà la fortuna*; è questo che l'essere umano cerca? O piuttosto vuole scoprire il presente attraverso una risposta esterna che gli dischiuda in quale situazione andrà a finire se non interviene, se non supera il Velo di Maya? E se la risposta fosse già dentro di lui?

2. LA CONOSCENZA COME FORZA SVELATRICE

"Conosci te stesso" era scritto sull'ingresso del più famoso Oracolo della antica Grecia a Delfi. Gli Oracoli si esprimevano con frasi oscure, apparentemente incomprensibili: uno stimolo a meditare sul motivo della domanda, a pensare per estrapolare una soluzione dall'interno del richiedente con un percorso di presa di coscienza degli ostacoli, degli steccati che si interponevano tra lui e il dolce destino. Conoscere vuol dire utilizzare gli strumenti a disposizione dell'essere umano per svelare l'apparentemente ignoto e turbante: pensiero, intelletto, ragionamento; sensazione, sentire con i sensi; intuizione; comparazione: comprensione. Come? Vediamo qualche succinta esemplificazione.

INTUIZIONE

Anna è la giovane diciottenne protagonista del romanzo *Un cuore arido* di Carlo Cassola, pubblicato nel 1961. Vive modestamente con la sorella che è fidanzata con Mario, militare di leva di stanza a Cecina, del quale Anna si innamora ricambiata. A lui si dà il giorno in cui il giovane deve partire per poi raggiungere i genitori in America. Anna compie il gesto per avere un ricordo indelebile dell'amore. Ma poi si accorge che dentro di sé nasce un turbamento di sensi e si lascia coinvolgere in una relazione senza amore, da amante materiale. Il paese la bolla di essere una svergognata e Anna sente distrutta quella felicità che da adolescente presentiva con il conoscere l'amore e cadono le aspettative di una vita gratificante. Se fosse nella Grecia antica sarebbe il momento di consultare un oracolo. Ma ecco che un fatto occasionale fa scattare il pensiero su sé stessa: transitando nella pineta vicino al luogo dove si era data a Mario un raggio di sole fende il buio del bosco. Anna ha una intuizione repentina e capisce che la "sua" vita non dipende da fatti esterni che sono senza significato, ma dalla consapevolezza di viverla senza desideri o rimpianti, usufruendo di quella felicità, poca o tanta, che prima o poi arriva a compensare le aspettative. L'intuizione trasformatrice ha fatto cadere il velo che si frapponeva tra rimpianti e impulsi inappaganti e il fluire della vita.

Il canto di Natale (1843) di Charles Dickens ci parla di Scrooge, un uomo dominato dalla cupidigia e dalla avarizia, dal rifiuto di rapporti umani e sociali e convinto che il Natale sia solo dispendio di denaro e un pretesto per oziare; elementi sintomatici della sua considerazione della vita: inutile. Proprio nella notte di Natale alcune visioni lo pongono di fronte alla conoscenza di sé stesso nel passato, nel presente e nel futuro. Si rende conto che per la avidità ha rinunciato a vivere i sentimenti, l'amore, le relazioni con gli altri, gli attimi di felicità. Le visioni natalizie di Scrooge sono i simboli di un cammino interiore attuato attraverso i ricordi del passato lontano, la felicità delle persone umili e povere che lo

41

circondano e che lui sfrutta, la proiezione della sua esistenza nel futuro per sentirne la nullità. Il velo è svelato con un procedimento di conoscenza autoctono, che sorge dall'interno dell'essere umano e mostra la dimensione della vita attraverso il ragionamento e il potere dei sentimenti.

3. COMPARAZIONE

Una leggenda buddista narra la vicenda di Kisha-Gotami, giovane sposa felice su cui si abbatte la sofferenza. Muore il marito e poco tempo dopo anche il loro bimbo. La donna è sconvolta a tal punto che quasi impazzisce e gira per il villaggio con il bambino tra le braccia chiedendo di salvarlo. Una anziana le dice di andare sulla montagna poco distante dove troverà un saggio che può fare miracoli. Vi si reca e trova il Buddha al quale implora di resuscitare il figlio. Il saggio le dice che prima deve ritornare al villaggio e portargli alcuni grani di senape presi da case dove non è mai morto nessuno. La giovane corre di casa in casa e ben presto si accorge che ogni famiglia ha avuto una persona cara che è morta. Ritorna dal Buddha e dice semplicemente: "Ho capito". Kisha-Gotami ha conosciuto con la sua esperienza di raffronto con gli altri i limiti dell'essere umano; ha abbattuto il velo che le impediva di vedere la vita nei suoi aspetti naturali di dolore e piacere e le aveva nascosto la consapevolezza della limitatezza umana.

La vita dell'essere umano presuppone anche l'assumere diverse personalità per ricoprire ruoli sociali, pubblici. Sono maschere che nascondono – velano – la personalità autentica con la quale possono sovrapporsi e entrare in conflitto se non vi è la consapevolezza della distinzione tra autenticità e finzione. Norma Jean Baker era il suo vero nome, al quale si sovrappose quello di Marylin Monroe, l'attrice, che si impadronì della vita di Norma e divenne la maschera che tutti volevano, nel privato e nel pubblico. Visse così una esistenza in conflitto con la personalità autentica, nascosta, relegata, ma che esigeva di prevalere, senza riuscirci, fino al suicidio.

Gandhi ha percorso un cammino inverso. Giovane funzionario di una colonia britannica, assumeva anche nell'aspetto esteriore le peculiarità europeizzanti indossando abiti da manager inglese. Ma di fronte alla condizione umana sottomessa a sfruttamento capì che doveva strappare il velo che lo divideva dal sé stesso autentico. Con un gesto simbolico, ma denso di significato sociale e personale, si "strappò" di dosso gli abiti non suoi e indossò quelli della appartenenza alla sua cultura e condizione etnica e umana.

Lo scoprire, o il tentare di capire, quale velo si frappone tra l'essere umano e la sua autenticità e volontà di vita presuppone – e gli esempi citati lo dimostrano – di porre, come un tempo agli oracoli o agli estensori di oroscopi, domande per attivare un procedimento di autoconoscenza e di padronanza di stati d'animo e comportamenti conflittuali. E in questa ricerca possiamo contare su alcuni aiuti che possiamo attivare noi stessi.

L'intuizione è un metodo di comprensione di impatto immediato, potremmo associarla alla illuminazione, al lampo di luce – divina o di pensiero – che ci indica un punto di partenza per individuare un percorso. *"La mente intuitiva è un dono sacro e la mente razionale fedele servitore. Noi abbiamo creato una società che onora il servo e ha dimenticato il dono."* È il pensiero di Albert Einstein, uno scienziato: prima interviene "la luce" ad illuminare l'ombra che andiamo cercando – per sollevare o levare il velo dagli occhi – e poi il ragionamento sviluppa le modalità cognitive e risolutive.

Vi sono possibilità di accesso a sistemi culturali e spirituali che possono aiutare l'essere umano del terzo millennio a rispondere alle sue domande con una valenza nettamente più profonda e seria rispetto all'affidarsi a oroscopi o cartomanti. **La religione**, di qualsiasi dottrina e credo, è sempre stata una finestra aperta agli interrogativi. I valori etici e spirituali che caratterizzano le religioni, unitamente alla ritualità e alla sacralità carismatica del sacerdote, costituiscono una sorta di guida o di indirizzo delle esigenze di poter comprendere la via personale verso una liberazione della esistenza dai legami delle passioni, delle angosce, delle paure. Il fine è di accedere ad una completezza espressiva (essere padrone e scultore di sé stesso) di una vita gratificata dall'equilibrio esistenziale.

Ruolo simile lo possono ricoprire anche sistemi svincolati da dottrine teologiche o di fede: **psicologia e filosofia**.

Rivolgersi alla psicologia e porre domande svela la psiche e i suoi conflitti interni e con l'esterno, destabilizzanti l'equilibrio: è uno sguardo oltre il velo di turbanti sconvolgimenti del mondo interiore e/o della relazione col mondo esterno. L'obiettivo è sempre lo svelamento che porta all'equilibrio. È un aiuto metodologico già offerto all'umanità dalla filosofia antica, ancora attuale perché il fine delle pratiche filosofiche antiche era ed è la "cura dell'anima" attraverso precetti, insegnamenti e comportamenti che svelano dove si annidano e quali conseguenze hanno i veli delle passioni, delle angosce, delle paure che accompagnano l'esistenza.

Parlare di insegnamenti ci riconduce a **Maestri** che svolgono la funzione di guida. Ma occorre essere consapevoli che la guida può diventare un altro Velo di Maya quando si pone come padrone e scultore del suo seguace o allievo. Sia di monito la considerazione di Tiziano Terzani: *"L'unico vero Maestro non è in nessuna foresta, in nessuna capanna, in nessuna caverna di ghiacci dell'Himalaya ... È dentro di noi"*.

Dalla cultura orientale sono entrate nel mondo occidentale altre possibilità per l'uomo e la donna del terzo millennio. Sono pratiche ginnico-meditative come lo **yoga** il cui significato in sanscrito coincide con quello latino di *religio*: legare, aggiogare, unire. Rituali corporei sinergici a pratiche meditative personali o di gruppo possono condurre alla "illuminazione", vale a dire alla intuizione rivelatrice di un percorso salvifico dal velo.

Ricercare, vedere, scoprire, sollevare o abbattere il Velo di Maya, vale a dire gli oppositori invisibili che impediscono all'essere umano di esplicare una completezza espressiva connaturata o perseguita, non è certamente facile, programmabile e con esito certo. È parte della lotta quotidiana dell'esistere per l'esistenza stessa, per il raggiungimento di uno status interiore personale che nel processo di ricerca ho chiamato equilibrio e che possiamo identificare con felicità, serenità, abbandono al fluire della vita, misurabili in attimi, schegge o periodi lunghi.

Un sistema culturale, espressione della creatività artistica umana, che può contribuire a svelare gli ostacoli alla sospensione dalle tribolazioni esistenziali è la Poesia.

Poesie come *L'Infinito* di **Giacomo Leopardi** e *Mia Vita* di **Eugenio Montale** sono messaggi di "Maestri" silenziosi. La loro meditazione sul senso del vivere e sulla ricerca di una comprensione delle motivazioni universali della esistenza si traduce in versi – parole spesso enigmatiche e da interpretare, come gli oracoli antichi. Leggerli con abbandono ad una dimensione intuitiva e immaginifica diventano una via di conoscenza interiore. È un percorso di avvicinamento al centro invisibile attorno al quale ruota, per un attimo o per un segmento di vita, un raggiunto equilibrio: si è sollevato o superato il velo inibitore.

Anche un solo attimo di padronanza di questo equilibrio ci trasforma in scultori di noi stessi.

Poi la vita può riprendere nascosta da una siepe o atterrita da una fucilata nel silenzio della campagna.

COMPENDIO TRA
LE ARTI

Davide Frezzato

OLTRE L'IMMAGINE

"IL CONTRARIO DEL GIOCO NON È CIÒ
CHE È SERIO, BENSÌ CIÒ CHE È REALE."

Sigmund Freud

1. INTRODUZIONE

Il linguaggio artistico è in continua evoluzione, proprio come qualsiasi lingua viva oggi utilizzata. Tale evoluzione porta a cambiamenti tali nella grammatica e nelle espressioni colloquiali che con lo scorrere del tempo possono risultare veri e propri stravolgimenti rispetto alle consuetudini più arcaiche. Pensiamo al cambiamento della grafia del nostro italiano tra il Quattrocento e i giorni nostri, così come l'uso di verbi e di parole, che possono aver anche cambiato di significato nel corso dei secoli.

L'Arte, essendo una lingua con tanto di letteratura e grammatica, non è estranea a questo comportamento. Essa è un mezzo di comunicazione ed espressione che riflette le necessità e le spinte del suo tempo; ecco perché nel corso dei secoli si è evoluta e ha subito stravolgimenti così importanti.

Spetta al pubblico, il primo vero fruitore dell'opera d'arte, ricordarsi che di per sé un quadro, una statua o qualsivoglia opera artistica non sono oggetti, suppellettili o decorazioni da salotto. Un'opera è un documento, un testimone del pensiero e della visione del suo autore e come tale deve essergli garantita una sua funzione e un significato che vadano ben oltre il mero aspetto estetico e decorativo.

Questo compendio vuole mettere in luce i passaggi fondamentali che hanno portato all'evoluzione dell'Arte dal figurativo all'astratto; sviluppo che è stato permesso con il disvelamento della realtà, squarciando il Velo di Maya.

2. PERCHÉ SI FA ARTE?

Prima di entrare a pieno titolo nell'argomento principale della nostra disquisizione, vorrei fare maggior chiarezza sul perché l'essere umano si dedichi all'attività artistica, argomento decisamente delicato e difficile ma che abbiamo il dovere di chiarire. Senza entrare troppo nello specifico, possiamo trovare tre grandi principi responsabili della decisione dell'essere umano di "fare Arte":

1. Ricerca e contatto con il divino
2. Il Gioco
3. Pulsione sessuale

Sin dal Paleolitico l'essere umano ha sentito il bisogno di mettersi in contatto con quella forza che si percepisce nella Natura e alla quale, ancora oggi, è difficile dare un nome e che può essere considerata il **divino**. Per alcuni, nel corso dei millenni, questa forza ha assunto le forme e le personalità di panteon interi popolati da divinità e semi-divinità, si è incarnata nella figura di un dio unico -per i cristiani è unico e trino allo stesso tempo- per altri invece è rimasta un semplice principio di forze e di energie.

Le prime forme di Arte rupestre presenti nelle grotte sono rudimentali tentativi dell'uomo di mettersi in contatto con quell'energia che tutto crea, dispone e che si vorrebbe essere magnanima nei confronti di chi parte per la caccia e vorrebbe tornare con del cibo per tutta la famiglia. Le statue devozionali preistoriche come le dee madri rimangono inalterate nelle forme dell'arte moderna e del senso estetico diffuso (non solo quello prettamente estetico della moda); le forme giunoniche delle veneri preistoriche echeggiano nelle forme arrotondate di alcune auto, nelle espressioni artistiche di Botero e nelle rotondità estetiche di zone concrete abitate dall'Umanità.

Percorrendo la Storia dell'Arte a salti, arrivando nel Duecento, possiamo vedere come la nuova religione vuole rappresentare la divinità in modo nuovo ma con lo stesso scopo: ricerca ed entrare il contatto con la divinità. Ecco che le immagini devozionali diventano un tramite per la preghiera e per la comprensione di ciò che percepiamo ma sfugge al nostro intelletto. Anche quelle religioni che non permettono la rappresentazione del divino hanno espressioni artistiche come la calligrafia che sono da reputarsi sacre e indispensabili per il rapporto con ciò che si può trovare in una dimensione spirituale e oltre-umana.

Un secondo aspetto è quel del **gioco**. Ecco la definizione dal Dizionario Treccani:

QUALSIASI ATTIVITÀ
LIBERAMENTE SCELTA A CUI SI
DEDICHINO, SINGOLARMENTE O

IN GRUPPO, BAMBINI O ADULTI
SENZA ALTRI FINI IMMEDIATI
CHE LA RICREAZIONE E LO
SVAGO, SVILUPPANDO ED
ESERCITANDO NELLO STESSO
TEMPO CAPACITÀ FISICHE,
MANUALI E INTELLETTIVE

Per capire meglio l'importanza della parola "gioco" dobbiamo chiedere aiuto ad altre lingue europee come l'inglese, il francese e il tedesco; in queste lingue il concetto di gioco/giocare si traduce rispettivamente: *play*, *jouer* e *spielen*. Queste tre parole vogliono anche dire suonare uno strumento e recitare. È semplice e lampante come il gioco (allargando anche agli altri aspetti) possa permettere di sviluppare delle capacità manuali (quindi tecniche, aspetto indispensabile per "fare arte") e intellettive (in questo modo si affina la comprensione e la riflessione). Il gioco è indispensabile per avere una maggiore coscienza di sé e del mondo; l'Arte ha finalità molto simili.

La **pulsione sessuale** non è da intendersi semplicemente come erotismo e possibile sconfinamento nella pornografia. Siamo di fronte ad uno degli impulsi più forti degli esseri umani, che porta con sé tutto il bisogno di creazione e di lasciare un segno indelebile del proprio passaggio sulla faccia della terra. Per un artista, il creare un'opera è dare libero sfogo alla propria creatività e al potere di creazione. La pulsione sessuale è quella del far proprio un altro corpo e un'altra persona, così come un artista vuole scoprire e far proprio il soggetto del suo ritratto o della realtà che vuole penetrare, conoscere a fondo e far propria.

Questi sono solo alcuni dei motori che possano mettere in azione un atto creativo. Possono chiarirci, un po' di più, cosa potrebbe essere alla base della produzione artistica. Il fare arte è e rimarrà sempre una capacità solo degli esseri umani, non esisteranno mai macchine che potranno far loro questa prerogativa, ed è facile capire il perché: quando una macchina potrà avere la percezione del divino, avere la voglia di giocare ed essere altro da sé e provare una pulsione sessuale forse, allora, potrà avvicinarsi alla creazione di un'opera d'arte.

3. L'ARTE FIGURATIVA

Esiste una concezione falsata relativa all'Arte. Il pubblico si divide su due posizioni ben definite e fortemente contrastanti fra loro: arte figurativa e arte astratta. La comunicazione tra i due gruppi solitamente è molto difficile e le posizioni sono agli opposti.

Il problema della questione è capire bene cosa si intenda per arte figurativa. La figura è un oggetto, che è decodificabile più o meno facilmente; essendo gli oggetti parte integrante del quotidiano e venendo facilmente codificati e riconosciuti; il fruitore di Arte figurativa avrà molte meno difficoltà nel "comprendere" e trovare una possibile chiave di lettura in questo genere di opere. Almeno fino a quando non verrà interrotto questo flusso tra oggetto e significato, argomento che tratteremo più avanti in questo contributo.

L'Arte figurativa ha imperato almeno dal Medioevo sino all'avvento dell'Arte astratta e più concettuale; così tanti secoli di sviluppo ci hanno permesso di familiarizzare con il suo linguaggio (tra l'altro molto semplice e diretto) e ormai ci troviamo perfettamente a nostro agio con tutte le sue manifestazioni. L'Arte figurativa ha fatto suoi argomenti tutto sommato non impossibili da comprendere:

1. La Natura
2. Il Divino

3. Il Mito

4. La quotidianità dell'essere umano

Argomenti che sono stati declinati in tutti i modi possibili. La Natura viene ritratta in tutte le pose immaginabili come paesaggio, natura morta o sfondo di quadri rappresentanti le più svariate scene di vita quotidiana o immaginata. Il Divino tenta di prendere forme umane e, molto spesso, viene ritratto in atteggiamenti piacevolmente reali; acquisisce tutte le forme fisiche degli esseri umani, così da essere più vicino alla nostra comprensione e da sempre viene ritratto con l'ausilio di modelli e modelle che i contemporanei potevano anche riconoscere con nome e cognome. Il Mito ha un rapporto con il figurativo duale, nasce per spiegare la realtà e l'essere umano e riesce a concretizzarsi solo prendendo una forma umana così spudorata da mescolarsi con gli esseri umani stessi. Il quotidiano, invece, viene rappresentato per quello che era anche se, in diverse occasioni, si è ricorsi a dei piccoli ritocchini fisici nei ritratti e a qualche miglioria momentanea nei luoghi rappresentati; in questo modo qualche doppio mento è sparito e dei mobili rovinati sono stati migliorati o completamente ridisegnati.

Secondo il senso comune, normalmente si tende a considerare il figurativo come una riproduzione attendibile della realtà. Idea alquanto imprecisa e potenzialmente dannosa ai fini della percezione e considerazione delle espressioni artistiche. Se questo linguaggio artistico -il figurativo, appunto- fosse così "affidabile" dovremmo poter osservare un paesaggio con la sicurezza che la riproduzione sia altamente fedele all'originale. Invece un bellissimo paesaggio, come quelli di Carlo Antonio Procaccini (Bologna, 1571 – 1630), è una trasposizione su tela della percezione stessa del pittore, che ha osservato il paesaggio con i propri occhi e l'ha filtrato con i propri sentimenti. La sua attenzione sarà stata attratta da un determinato albero, da una sfumatura particolare di verde e da un riverbero ben preciso. La realtà viene sempre filtrata dalla nostra percezione e due persone avranno un'immagine ben diversa dello stesso fenomeno. Una domanda, a questo punto, estremamente lecita e di non facile risposta è se ci sia un'oggettiva realtà delle cose e non sia tutto troppo filtrato dalla soggettività. Anche la realtà misurata dalla Scienza in effetti non è per forza oggettiva e sempre fedele a sé stessa, dal momento che con lo scorrere del tempo e con il perfezionarsi delle tecnologie può essere vista meglio e in modo più preciso, arrivando addirittura a cambiare idee che si credevano regole che spiegassero il mondo reale per quello che si credeva essere.

Prendiamo una natura morta. È una rappresentazione reale di una cesta piena di frutta e cibi vari o è un'idea che risiede nella mente del pittore? Se pensiamo che spesso vengono dipinti frutti di stagioni diverse nella stessa cesta risulta abbastanza difficile che la natura morta possa essere un dipinto ripreso dal vivo da un oggetto reale. L'Arte figurativa è anche quella delle sante conversazioni. Persone perfettamente ritratte nelle loro fattezze umane, sono chiamate a rappresentare santi e divinità di cui non si conosce minimamente l'aspetto fisico reale. Non possiamo dimenticare, oltretutto, che alcuni fra i santi dei primi secoli della chiesa cattolica (che sono anche patroni di città) non sono realmente esistiti: è il caso di Sant'Orso. Viene da chiedersi, quindi, se anche questo filone dell'arte figurativa sia veramente "reale" o non sia altro che una manipolazione della realtà che si sforza di rendere verosimile ciò che è solo ideale. Il figurativo ha tra le sue espressioni anche la pittura di genere storico, sia intesa come ritrattistica sia come riproduzione di eventi. Indubbiamente la maggior parte dei ritratti di personalità famose delle diverse epoche sono prevalentemente corrispondenti alla realtà, altrimenti sarebbe stato un po' troppo difficile riconoscere i soggetti. Anche se, a onor del vero, va ricordato che molto spesso il personaggio storico viene ricordato per caratteristiche distintive che rendono facile il riconoscimento. La curiosità di sapere se i ritratti di alcuni imperatori romani siano veri ritratti e non idealizzazioni del Cesare è da sempre molto viva. Il volto di Napoleone è facilmente riconoscibile nei diversi ritratti (pittorici e scultorei) realizzati, chissà se fisicamente era così prestante come lo è nella statua presente nel patio dell'Accademia di Brera. Goya, nella sua famiglia reale, sembra essere rigidamente fedele alla realtà, tanto da non nascondere nessun tipo di difetto fisico e forse anche cognitivo di alcuni fra i personaggi ritratti; e se avesse un po' esagerato nei confronti di qualcuno?

Una riflessione d'obbligo: il figurativo è legato strettamente all'immagine. L'immagine però a volte è ideologica, può nascondere un concetto o una sensazione e può anche non essere fedele rispetto alla vera realtà oggettiva (sempre che essa esista). Nella sua breve ma molto intensa opera dedicata al *Don Giovanni* di Mozart e all'eros Søren Kierkegaard ci parla delle immagini:

> "NON SONO AMICO DELLE
> IMMAGINI; [...] OGNI VOLTA CHE
> INCONTRO UNA IMMAGINE,
> SENZA VOLERLO, TEMO CHE IL
> SUO SCOPO SIA NASCONDERE
> QUALCHE OSCURITÀ DI
> PENSIERO."

L'Arte figurativa mostra qui il suo punto debole: si affida all'oggetto. E l'oggetto può essere altamente illusorio. Spesso ciò che appare dà l'impressione di essere qualcosa che potrebbe rivelarsi poi qualcosa di ben diverso: è il caso di particolari di oggetti che possono trarre in inganno o di apparenze potenzialmente pericolose che poi si rivelano innocue o viceversa. La domanda lecita è chiedersi cosa ci sia dietro all'oggetto (in tutte le sue forme), quale sia il suo vero significato e cosa si nasconda dietro di esso. Importante è anche non dimenticare che il figurativo deve basarsi sulla percezione propria dell'artista, che non può mai essere oggettiva.

In base a questo pensiero, è facile arrivare alla conclusione che il figurativo rappresenti sì oggetti facilmente decodificabili ma rimanga sulla superficie della percezione. L'Arte figurativa può rappresentare montagne, alberi, persone o oggetti di qualsiasi natura fermandosi alla superficie della percezione. Mostrare cosa rappresentino davvero nell'imaginario comune gli oggetti rappresentati, quale sia la loro effettiva essenza e cosa rappresentino nel panorama culturale collettivo non è una necessità di questo tipo di Arte, che si limita, come abbiamo già visto, alla superficie delle linee che compongono l'oggetto.

Con l'avvento della fotografia, il pittore si libera dall'obbligo di dover rappresentare la realtà. La tecnica viene in suo aiuto con una macchina che, in pochi secondi, può ottenere un risultato figurativo ben più preciso (ed economico) rispetto al lavoro del pittore. Tolto questo ostacolo, il pittore può dedicarsi a ciò che sfugge all'occhio. A quello che si cela dietro l'immagine. È arrivato il momento di sollevare il Velo di Maya.

4. QUANDO ABBIAMO INIZIATO A SOLLEVARE IL VELO DI MAYA

Dopo l'aver messo in discussione il valore dell'oggetto e l'imprecisione della percezione, la necessità dell'uomo di rappresentare la realtà cambia e non può più essere quella che imperava nei secoli precedenti.

Prima di avventurarci in questo nuovo capitolo del nostro cammino verso la comprensione del Velo di Maya, riprendiamo una frase di Schopenhauer:

«È MAYA, IL VELO
INGANNATORE, CHE AVVOLGE
GLI OCCHI DEI MORTALI E FA
LORO VEDERE UN MONDO DEL
QUALE NON PUÒ DIRSI NÉ CHE
ESISTA, NÉ CHE NON ESISTA;
PERCHÉ ELLA RASSOMIGLIA AL
SOGNO, RASSOMIGLIA AL
RIFLESSO DEL SOLE SULLA
SABBIA, CHE IL PELLEGRINO DA
LONTANO SCAMBIA PER ACQUA;
O ANCHE RASSOMIGLIA ALLA

Per capire meglio quale sia l'imperfezione degli "oggetti" dobbiamo scomodare Platone, per il quale le idee sono l'archetipo, presente nel Regno delle Idee, delle varie manifestazioni concrete nel Regno delle Cose. Una idea è la perfezione totale, che noi possiamo intuire e non possiamo vedere; quando l'idea si materializza, scende nel Regno delle Cose diventa fisica e di per sé imperfetta. Tutto ciò che è fisico, quindi finito e costretto in limiti, non può essere eterno e di conseguenza perfetto. Ora, dobbiamo traslare questa concezione non solo al nostro rapporto con la Natura ma anche alla creazione artistica.

Essendo gli oggetti imperfetti, possono trarre in inganno. L'invito per poter comprendere a pieno un fenomeno è quello di non fermarsi mai alla superficie delle cose ma guardare cosa si celi dietro la patina della percezione dei sensi. Platone ci racconta che nella caverna le ombre venivano osservate e intese nel modo non corretto da quanti hanno preferito rimanere al sicuro nella protezione uterina della caverna al posto di farsi coraggio e guardare cosa c'era dietro le proprie spalle: un mondo così ampio e sconfinato da far paura. Schopenhauer ci ricorda che la nostra vista è offuscata dal velo ingannevole di Maya e sarebbe nostro dovere penetrare e squarciare questo ostacolo per poter godere di una visione completa e vera del mondo che ci circonda.

L'Arte, essendosi affrancata dall'immagine, grazie alla fotografia ha potuto ragionare più liberamente sul suo rapporto con la visione della realtà e con il velo di Maya. L'Arte non può rimanere ad una superficie ingannevole se vuole essere fedele a sé stessa. Tutte le più vere e classiche rappresentazioni artistiche (in tutte la Arti, non solo in pittura) sono immortali quando raggiungono il centro dell'essenza di una persona, di un oggetto o di una situazione. Tutto ciò che si ferma alla superficialità, alle necessità del periodo storico o al gusto del pubblico, non è propriamente Arte ma una forma (magari anche estetica e raffinata) di *"vetrinismo"*.

I primi tentativi artistici che hanno portato ad un allentamento dal gioco della riproduzione della realtà così com'era si possono trovare con gli Impressionisti. Per loro non è più importante riprodurre la realtà in modo preciso e fedele; si iniziano a studiare gli effetti della luce sulle cose. La pittura si va via via sempre più veloce (alcuni quadri sono stati realizzati in una ventina di minuti) perché non si dedica più al rapporto delle linee e sfumature che creano la realtà ma si vuole rappresentare quell'attimo in cui veniamo in contatto visivo con gli oggetti della realtà e li percepiamo. La luce è sempre più investigata come la responsabile principale del cambiamento della percezione della realtà e di conseguenza della sua interpretazione da parte di chi osserva.

Questo modo di ragionare sull'Arte troverà il suo degno discendente nell'Espressionismo: movimento artistico dell'inizio del Novecento che porta all'esasperazione il lato emotivo della realtà, che è da preferirsi a quello percepibile oggettivamente. L'Arte si rende conto che la realtà di per sé non è altro che una percezione di un mondo filtrato dall'aspetto emotivo. Ecco, quindi, che un oggetto verde assume una miriade di connotazioni e che ciascuno di noi può percepire quel determinato oggetto di quel preciso colore in modo completamente diverso. Un albero non ha senso né sostanza semplicemente perché sia verde, quello che conta veramente è l'aspetto emotivo che ci investe di fronte ad un oggetto e quindi l'artista ha la facoltà di usare il colore che più crede giusto nel ritrarre un qualcosa. Ecco perché posso essere libero di realizzare un albero di colore viola (anche se nella realtà è verde); il colore ha una valenza emotiva talmente personale che tutto è lecito; anzi, questo nuovo modo di intendere l'Arte non si rivolge alla rappresentazione di qualcosa che posso vedere ma è la concretizzazione del mio percepire il mondo, secondo il mio proprio Velo di Maya.

Il padre di tutta l'Arte contemporanea è Cézanne. Se prendiamo come esempio la sua tanto amata montagna (la *Sainte-Victoire*) ci rendiamo conto che lo sforzo del pittore non è quello di fornirci una descrizione pittorica dettagliata della montagna ma è quella di rendere tangibile la visione e i sentimenti del pittore davanti alla maestosità della Sainte-Victoire. Una montagna è molto di più che un elemento geografico; per ciascuno di noi può assumere significati speciali e suscitare emozioni molto personali, anche se comunemente la montagna rappresenta la residenza della divinità o il duro cammino di ascesi e miglioramento che intraprendiamo nel corso della nostra esistenza. Ecco che Cézanne non la dipinge mai in modo "fotografico" ma si preoccupa di darcene un'immagine che è quella che lui ha in testa e che sente nei suoi sentimenti. Paul Cézanne è ancora abbastanza legato alla rappresentazione della realtà ma il suo aspetto figurativo inizia a diluirsi; le forme sono sempre meno nitide e "pulite" ma ciò che acquista un ruolo via via sempre più importante è il significato di un oggetto, che spesso è una elaborazione del nostro pensiero che viene filtrato dalla cultura e dai dettami della società che abbiamo deciso di fare nostri.

Tutta l'Arte di Gauguin non è incentrata nel voler rappresentare la sua tanto amata Tahiti ma vuole farci percepire la sua visione del luogo e lo stesso vale per i grandi artisti del *Die Brücke* e del *Cavaliere azzurro*.

Nell'evoluzione dell'Arte, quest'epoca rappresenta un punto essenziale di unione tra il figurativo e l'astratto. Dopo queste ricerche portate avanti nel Novecento il linguaggio artistico verrà quasi completamente riscritto e chi vuole continuare a seguire le vicissitudini della Storia dell'Arte è costretto ad apprendere un nuovo linguaggio.

Dopo i primi tentativi, a volte impacciati, di sollevare il Velo di Maya che ci inganna nella percezione del mondo. L'Arte (in tutte le sue forme, non solo in pittura) prende sempre più sicurezza e dimestichezza con le nuove capacità acquisite e squarcia il velo.

Fra i grandi artisti che posso prenderci per mano e accompagnarci nella visita al di là del Velo di Maya, senza dubbio possiamo citare il sommo Paul Klee.

L'ARTE NON DEVE RIPRODURRE IL VISIBILE, MA RENDERLO VISIBILE.

In questa semplice frase del grande maestro svizzero si può trovare la spiegazione concreta e più esatta dell'arte astratta. Avendo ormai messo in luce il rischio che corriamo per colpa del Velo di Maya, ovvero che la realtà non sia esattamente come la percepiamo; Paul Klee non vuole perdere tempo con la riproduzione del visibile. Il vero compito dell'artista è quello di rendere visibile ciò che si nasconde dietro agli oggetti.

La linea di Klee è una guida sicura in questo cammino. Il pittore non vuole correre più il rischio di commettere tutti quegli errori commessi nell'Arte sino ad ora. La linea è un limite e delimita lo spazio dell'oggetto rendendolo finito. L'aspetta negativo della linea è quello di costringere l'idea, di per sé perfetta, in uno spazio fisico, che -come diceva Platone- essendo finito e fisico ha un'alta probabilità di essere imperfetto. La linea di Klee volutamente sottile e quasi impercettibile deve essere più leggera e sottile possibile per rovinare meno possibile l'invisibile che sta dietro l'oggetto. Paul Klee è perfettamente consapevole che non si potrà mai giungere alla perfezione in questo cammino: seppur estremamente sottile una linea sarà sempre presente e i bordi di un oggetto saranno comunque tracciati.

La carta su cui Klee dipinge e disegna è come se fosse il velo che copre la nostra realtà e la linea sottile è la linea che si riesce ad intuire sotto di esso.

Ecco che allo spettatore, muovendosi per gradi, può via via diventare sempre meno ostico il linguaggio dell'Arte astratta e anche di quella a noi contemporanea. Se ad un primo acchito si può imputare una scarsa preparazione tecnica all'artista di oggi, dall'altro ci si rende conto che il disegno così come era inteso nel Seicento (o anche prima) non ha più ragion di esistere. L'assenza di linee e sfumature non è una mancanza nella Pittura ma un'aggiunta; richiede un lungo periodo di studio e di analisi sul significato degli oggetti per poter arrivare ad astrarre un concetto universale e rappresentarlo nel modo più fedele possibile.

È come se il Velo di Maya fosse il grande telo bianco cinematografico, sul quale vengono proiettate delle immagini che possono avere una forte somiglianza con gli attori che hanno lavorato durante le riprese ma non saranno mai loro; un attore non è mai sullo schermo, quella è solo un'immagine proiettata, la persona vera nel frattempo è da un'altra parte o tra il pubblico in sala. L'Arte non vuole più usare il telo bianco per proiettare immagini. Vuole svelare cosa si muova, esista sotto l'immagine e sostenga come uno scheletro la realtà.

È quasi certo che il Velo di Maya non potrà mai essere completamente sollevato e la realtà ci sarà svelata sempre alterata. L'Arte si è sempre più liberata da aspetti inutili, orpelli e dettagli che potrebbero rappresentare l'oggetto alla perfezione ma non la sua vera essenza. L'artista si è sempre più chiesto quale sia la peculiarità che rende un violino tale. Senza le corde rimane sempre un violino. Senza la chiocciola sarebbe ancora riconoscibile? Sì, quindi si può fare a meno anche di questo dettaglio. Senza manico? Con la cassa armonica a metà? Non ci dovrebbe risultare difficile immaginare un artista davanti ad un foglio sul quale disegna a ripetizione lo stesso oggetto, togliendo ciò che non è indispensabile per la sua identificazione (la sua idea di base, se voglio un'eco di Platone). Il nostro pittore si ritroverà a rappresentare l'essenza dell'oggetto magari solo con una linea o con una semplice macchia di colore; ciò potrebbe avvenire perché quel dato colore e la forma di quella specifica linea risultano essere l'essenza senza la quale l'oggetto non è più riconoscibile o fedele alla sua intima realtà.

Molti sono gli artisti che si sono spinti a percorrere questo sentiero. Alcuni sono arrivati a livelli estremi altri hanno preso la decisione di fermarsi un attimo prima di diventare troppo lontani dalla rappresentazione degli oggetti.

Se Klee si sentiva sospeso tra due mondi, arrivando addirittura a dichiarare:

> NON APPARTENGO SOLO A
> QUESTA VITA, PERCHÉ IO VIVO
> BENE CON I MORTI, COME CON I
> NON NATI, PIÙ VICINO DI ALTRI
> AL CUORE DELLA CREAZIONE,
> MA SEMPRE TROPPO LONTANO.

Vasilji Kandinskji si allontana dal mondo più fisico, vola in alto verso il mondo delle idee e usa raramente le immagini. I suoi quadri sono parole scritte senza lettere, musica fuori dallo spartito e intuizioni delle idee dell'Iperuranio platonico. Le sue opere posso essere lette conoscendone la grammatica -spiegata da lui stesso in diversi libri- si possono leggere i suoi quadri. L'aspetto più divertente in assoluto è che dal momento che nelle sue opere Kandinskji espone idee che non sono facilmente spiegabili con il linguaggio, non sempre si riesce a descrivere quello che ha realizzato e spesso nemmeno lo stesso artista sapeva come descrivere e spiegare alcune delle sue opere.

Oggi, davanti alle sue opere, un pubblico che non riesce ad allontanarsi dalla figura e dalla scena raffigurata trova spesso una spiegazione "figurativa" ad opere che neanche l'autore sapeva spiegare. Per alzare il Velo di Maya bisogna essere disposti a perdere il paracadute dell'immagine e lasciarsi travolgere dai significati spesso oscuri e complicati ma decisamente più sinceri.

6. UNA CONCLUSIONE CHE HA POCO DA DIRE

Con questo breve compendio si è cercato di dare corpo alle idee filosofiche espresse nel primo contributo non dimenticandoci che l'Arte è un linguaggio esattamente come quello presentatoci nel compendio letterario.

In conclusione della nostra disquisizione artistica dobbiamo ricordare e tenere ben presente che l'interpretazione artistica avviene prevalentemente seguendo tre vie complementari e diverse tra loro:

1. Interpretazione secondo la biografia
2. Interpretazione secondo le parole dello stesso artista
3. Interpretazione prettamente personale

Per alcuni artisti e per particolari movimenti e periodi artistici la conoscenza della biografia è indispensabile per capire i concetti dietro alle opere d'arte; la biografia dell'artista deve servire per capire l'Arte, non deve mai essere presa come metro di giudizio dell'artista. Tutti quegli aspetti che sono prettamente legati alla vita personale dell'artista non devono rientrare nell'interpretazione di opere universali.

A volte si ha la fortuna di ricevere dall'artista stesso la chiave d'accesso alle opere realizzate. In quel caso rimane poco da discutere ma una nostra interpretazione personale è sempre ammessa, avvalorando in questo modo il fatto che l'opera sia una vera opera d'Arte. Non sono molto le opere accompagnate dalle spiegazioni dell'artista ma a volte capita di avere questa fortuna.

Nella maggior parte dei casi, ci troviamo nella situazione di dover dare la nostra interpretazione personale alle opere. Ovviamente, non possiamo mai avere la certezza di essere completamente in sintonia con l'artista; una regola che non ci si deve mai dimenticare è quella che una nostra interpretazione rimane tale e non deve mai essere "venduta" come quella dell'artista.